Nah Byung-Choon

시인 나병춘

어린왕자의 기억들

시인 나병춘/ 羅炳春

전남 장성 출생
1994년 『시와시학』으로 등단
시집으로 『새가 되는 연습』 『하루』 등이 있음.
현재 '우리시' 와 '한국작가회의' 회원으로 활동
E-mail : namuwa33@hanmail.net

어린왕자의 기억들

지은이 | 나병춘
펴낸이 | 설보혜
펴낸곳 | Poetics 시학
1판 1쇄 | 2008년 12월 20일
출판등록 | 2003년 4월 3일
주소 | 서울 종로구 명륜동1가 42
전화 | 744-0110
FAX | 3672-2674

값 8,000원

ISBN 978-89-91914-57-5 03810

나병춘 시집

어린왕자의 기억들

Poetics 시학

■ 시인의 말

'씨' 라는 말이 있다
시는 '씨' 다
우리네 황량한 마음 밭에 떨어져
무지갯빛 환한 꽃밭을 이룬다
바람에 끊임없이 흩날리는 씨앗들
멀리 안 보이는 곳으로 날아가
자신의 텃밭을 일군다
장구밥 산딸 까마귀밥여름나무
닭의장풀 할미밀빵 사위질빵 며느리밥풀꽃
달빛 별빛 파도소리 모아
아무도 모르는 숨은 노래가 되어
길 잃은 새들의 뜨거운 밥이 된다
나의 시여
자그마한 씨앗을 닮아라
훨훨 날개 달고 날아가
그 누군가의 밥이 되고 눈물이 되어라

이번에 3번째 시집을 묶는다.
아직 시의 진경에 도착하려면 한참 멀었다.
워디망큼 왔당가?
당당 몰랐당께……
어릴 적에 소꿉친구들과 먼 길 가면서
눈 가리고 하던 놀이와 사투리가 자꾸자꾸 생각난다.
내 고향 삼서森西 앞동산 뒷동산에 이 책을 바칩니다.

2008년 12월 은봉산이 바라보이는 창가에서
나 병 춘

차 례

제2부 근양간다

제3부 공포도 때로는 음악이 된다

제4부 몸으로의 여행

제1부

안녕이라는 빨간 의자

어린왕자의 기억들 · 1

햇빛이 다녀가셨다 모래인간이 다녀가셨다
우주가 손을 얹는 새 간장 달이는 냄새가 진동하고
녹슨 기억들이 다녀가셨다 씨앗이 밀어낸 물결들이
자화상을 그렸다 사막에서의 잠은 얼마나
얄팍한 담요인가 낙타들이 걸어가는 사막에선
별들도 잠이 깬다 우물가를 서성이다 사라지는 그림자들
가는 길에 신기루 고아원을 들렀다 앤디 워홀은 얼마나 위독한가
여름은 사과처럼 파랗게 익어 가고 푸른 말들은 악기점에 죽치고 살았다
고양이 긴 수염에서 빗방울 소리 야옹거리고 녹슨 지붕에선 미끄럼 타는 소리
선사시대는 가도 가도 오지 않고 멀리서 용암이 흘러갔다
달빛이 다녀가셨다 눈사람이 다녀가셨다
모든 그림자들은 기억 속에 녹아내리고 앤디 워홀은 길바닥에 쓰러졌다

그의 그림들은 난장판이 되었다 녹슨 악기 위로 별들이 새초롬히 뜨고 지고

눈사람이 다녀가시고 소금인간이 소돔과 고모라처럼 저만치 서 있었다

어린왕자의 기억들 · 2

길을 가다가 문득 뒤가 궁금해지거든
제자리에 딱 멈추는 거야 두 발을 한껏 벌린 채
가랭이 사이로 보이는 하늘을 한참 들여다보는 거야
고개를 박고서 바라보는 구름 꽃나무 날아다니는 새들
벌레들도 보일 거야 돌멩이들도 보이겠지
하나하나 다른 모양의 돌멩이들 발자국들 좁다랗고 넓직한 길
구불텅구불텅하고 쪽 곧은길이 두 기둥 사이에서 꿈틀거리고 있겠지
모든 길은 가랭이 사이로 통하는 거겠지 뒤가 궁금해지거든
그렇게 한번 해 보아 삐뚤빼뚤 서럽게 서툴게
걸어온 발자국도 보이겠지 당당하기도 하고 흔들거리기도 하면서
아름다이 흔적 없는 풍경화가 되어 뒤를 든든히 떠받치고 있겠지

어린왕자의 기억들 · 3

산길을 가는데 턱, 허니
멧비둘기 한 마리 시냇가에 내려앉는데
나도 때는 이때다 싶어 비둘기 날개 속으로
사뿐 들어가 보는 것인데 비둘기는 달아날 생각도 없이 서성거리며
돌멩이도 쪼아 보고 라면 부스러기도 쪼아 보는 것인데
아차, 호주머니에 좁쌀이라도 챙기는 거였는데
비둘기가 날기 시작하자 나도 덩달아 날기 시작하는 거였는데
동동동 날다가 구름 하나 있어 턱, 허니 그곳으로 달려가 숨었는데
그 모양을 본 비둘기가 안심이 안 되었는지
나를 찾으러 구름 속으로 자맥질치는 거였는데
구름 속에서 한나절을 헤매던 나는
구름이 산꼭대기로 날아가자
사뿐 너럭바위 위로 건너뛰어 벌러덩 드러누웠더랬는데

비둘기는 찾다 찾다 못 찾고 구구국 구구국거리며
어제도 오늘도 울고 다니는 중인데
비둘기 눈이 빨갛게 충혈된 까닭이 나 때문이었는지
구름 때문이었는지 아니면 구구국거리는 울음소리 때문인지는
도통 알 수가 없는 노릇이었는데
산길에서 언젠가 마주친 적 있는 멧비둘기 하나가 시방
창문 오른쪽에서 왼쪽으로 날아가다 소란소란거리는
은사시나무 잎새 사이로 쏜살같이 숨어버리는 거였는데
그 후론 아무 소식이 없어 나도 심심하던 차였는데

어린왕자의 기억들 · 4

구름 속에는 동물원 하나 있지
비 오는 날 밤에 잘 들어 봐
번갯불 튕기며 포효하는 호랑이 사자 하이에나까지
생난리 야단법석이잖아 어쩌다 잠잠해지면
창밖엔 낙숫물 소리 참선하듯 지상에 엎어지는
오체투지의 노래 쨍하니 날이 개면
저 높은 하늘에 둥둥 떠가는 뭉게구름을 보아
어쩔 때는 코끼리 등에 타고 피릴 부르는
긴꼬리원숭이도 나타나고 날다람쥐 오소리 방울뱀까지
꼬리에 꼬리를 물고 날아가며 우리에게 손짓하지 않던가
비 온 후 맑게 갠 하늘에 전설처럼 휘장 친
저 무지개들 보아 구름 속에는 분명
이 세상에 동물들을 내보내려는 미끄럼틀이 있는 거야
쭈르르 미끄럼 타며 숲 속으로 호수로 혹은 바닷가로 내려온

저 별빛 닮은 까만 눈동자들
그 순정한 발걸음 소리 들어 보아

어린왕자의 기억들 · 5

나무는 남근을 상징한다
사춘기 입 무거운 아이들이
흰 이빨 드러내고 깔깔거린다
대지는 여근을 상징한다
갑자기 아이들이 얼굴 붉어지며
입을 꼭 다문다
저 벽은 뭐냐
남근이란다
그럼 이 교실은 뭐냐 여근이란다
그럼 교실은 남근으로 둘러싸인 상자냐
고갤 갸우뚱거린다
이 하얀 분필은 이 무뚝뚝한 칠판은
남근과 남근끼리 충돌하면 무슨 일이 벌어질까
아이들의 표정이 일그러진다
저 멀리 보이는 호수는 저기 흘레붙은 개는
수도 없이 꼬리에 꼬리를 무는 질문
질문은 뭐냐니까, 남근이지요
그럼 응답은, 그건 여근이지요

우리들의 수수께끼 열차는 남근이구나 그치?
남남 남대문을 열어라
동동 동대문을 열어라
칙칙폭폭 칙칙폭폭

나비의 혈액형

나비도 혈액형이 있을까
지금 막 탱자꽃에서 우화하는
호랑나비는 O형
유채꽃밭 사이 춤추는
배추흰나비는 A형
산골짝 누리장나무 꽃 주변을 서성거리는
산제비나비는 분명 B형일 거야
그런데 AB형 나비는 어디 있을까
이른 봄날 제비꽃 사이사이
네발로 거니는 네발나비 그 비범한 걸음새로 보아
고놈이 바로 AB형일 거야
A형 배추흰나비는 농부의 흰 저고리적삼을 닮아
밭두렁 가지 배추 장다리밭을 서성일 테고
공격성 가시를 빼다 닮은 호랑나비는
백두산 호랑이처럼 용감무쌍하리라
호랑나비를 좋아하는 참새는
분명 OO형
초가지붕마다 뻥뻥 구멍을 뚫는 솜씨로 보아

OO형이 분명하겠지
시인들이 몰래 좋아하는 AB형은
네발나비 걸음이 분명할 거야
대낮에도 팔자걸음으로 인사동 골목을 서성이거나
후미진 뒷골목에서 거미줄에 매달려 그네 타며
지나가는 고독한 영혼들을 호리는
그 요란한 몸맵시는 분명 AB형일 거야
나에게도 나비의 혈액형이 있는가 몰라
허구한 날 백주에 낮잠을 주무실라치면
어김없이 찾아드는 나비의 꿈
황홀한 유채꽃밭에서 암컷 나비를 뒤따라가는
저 춤추는 숫나비는 내 혈액형을 가진
A형일 거야
그늘 속에서 큰 갈퀴손을 구부린 채
퍼런 눈 번득이는 저 사마귀가 노리는 줄도 모르고

수챗구멍

똥을 누다가 누군가 엿보는 녀석을 보았네
바닥에서 코스모스 눈을 활짝 뜨고 바라보았네
목욕할 때 빨래할 때 끊임없이 게걸스레 빨아 먹는
녀석의 주둥이를 보았지
네가 없다면 내 방은 내 집은 어찌 되었을까
물이 흐르고 넘쳐 물바다가 되고 말겠지
이불도 요도 함빡 젖어 바다 위에
구름처럼 떠도는 방랑자가 되겠지
코스모스 같은 어여쁜 눈과 입을 가지고
바닥에서 쳐다보는 걸 나도 쭈그리고 앉아 멍히 바라보았네
일을 마치고 버튼을 누르는 순간
똥 막대기를 순간에 해치우는 괴력의 구멍을 보았네
꺼억 트림 한 번에 입을 헹구듯 맑은 물 콸콸 쏟아내었지
구멍을 무사히 통과해낸 대견한 녀석들
내 입도 또한 수챗구멍이란 걸 알았네
눈도 코도 귀도 수채란 걸 이제야 깨달았네

이 수채들이 코스모스처럼 펴
하늘과 땅의 질서를 아무도 몰래 다잡아 주고 있었네
구름 속에서 반짝 황금 덩어리가 빛났네
수평선의 수챗구멍을 통과한 빛의 덩어리
수수만년 우주를 통과해 온 달덩어리가
지상을 굽어보며 구멍들아 고맙다
고갤 숙이며 빙긋이 웃고 있었네

새

이른 새벽 약수터 가는 길

직박구리들이

끼익 끼이익

자꾸만 시계태엽을 감는다

시간을 더 감아서

어디에 쓰려는 것일까?

개울물은 떨어진 꽃잎을 품고

휘파람 불며 흘러가는데

안녕이라는 빨간 의자

서울시립박물관 Hello Park에 가 보았지
그곳엔 이 세상 각 나라의 말로 된 공원이 있었지
안녕, 사요나라, Hello, 니 하오, Guten Tag, Adios라는
안녕이라는 빨간 의자에 털썩 주저앉아
하늘을 멍하니 바라보았네
태양이 구름 의자에 누워 낮잠을 즐기고 있었네
구름이 둥둥 떠내려가자 태양도 쭈르르 미끄러졌네
미끄러진 태양 아래 펼쳐진 안녕이라는 공원
그 공원 벤치에 빨간 의자가 있었지
'안' 이라는 의자와 '녕' 이라는 의자
6개의 다리는 스테인리스 쇠다리
안이라는 받침은 붉은 플라스틱
이 세상 플라스틱 중에 가장 아름답고 편안한 플라스틱을 만났지
안녕이라는 공원에서 만난 사람들
안녕이라는 의자에서 만난 새들 나비들 뱀들 딱정벌레들
쇠똥구리 말똥구리 개똥구리 하나 없는

안녕이라는 공원엔 푸른 연못이 하나 찰랑거리고 있었네

빨강 안녕이라는 의자가 물결에 떠가고 있었지

버드나무도 몇 그루 짙푸른 그늘 드리우고 바람에 나부끼고 있었지

흔들리고 미끄러지는 세상에서

안녕이라는 공원은 안녕하셨지

안녕이라는 의자도 안녕이라는 연못도

안녕 안녕하면서 아무 탈 없이 지내고 있었지

빨간 의자에 누워 졸고 있는 안녕이라는 글자들

Hello, Adios, Guten Tag, 곤니찌와, 니 하오!

알파벳들이 안녕이라는 글자와 뒹굴고 있었네

아무 거리낌 없이

아무 걱정근심 없이

안녕이라는 공원을 지나가자

Bye Park 공원이 나타나 손 흔들고 있었네

그곳을 지나치자 멀리 파리에서 온 Van Gogh라는 화가가

셍레미 정신병원 정원에서 압생트 술을 마시며

불타오르는 해바라기 그림을 그리고 있었지

내가 방금 지나온 Hello Park와 Bye Park, 안녕이라는 빨간 의자들이

그 속에서 손을 흔들고 있었네

Hello, 곤니찌와, 니 하오! 정답게 외치고 있었네

반 고흐의 한쪽 귀에서는 피가 줄줄 흘러넘치고 있었네

압생트 술에 쩔은 그의 노아란 붓도 파아랗게 빨갛게 펄떡거리고 있었네

안녕이라는 공원엔 하늘빛 파아란 붓꽃 향기가 넘치고 있었지

사이프러스 나무숲 사이로 보이는 하늘은 모두 다 안녕하셨지

내 콧속에선 웬일인지 Starry Starry Night~이 흘러나오고 있었네

셍레미 정신병원은 정말 알 수 없는 신기한 곳이었다네

꽃 도둑

꽃이 도둑이라면 얼마나 좋을까
가슴에 꽃을 달고 담을 훌쩍 뛰어넘어
나를 훔치러 와도 좋겠지
가시 손에 찔려 피 철철 흘리며
나는 살려 달라 애원하겠지
잠든 척 몰래 누워 있으면
이곳저곳에 향기를 뿌려 놓고
꽃의 나라에 생포하여 데려갈 거야
꿀벌들이 닝닝거리는 꽃 도둑의 나라
나도 꽃 한 송이 되어 도둑고양이처럼 숨어 살 거야
꽃그늘에 누워 게으른 낮잠 즐기기도 하고
곤줄박이 동고비 딱새랑 더불어 꽃씨들을 훔쳐 먹으며
도둑이 되고 말거야
창고에는 꽃씨들이 철철 넘쳐서
생쥐 날다람쥐들이 탐을 내겠지
그러면 나는 창고 문 활짝 열어 놓고
맘껏 훔쳐 가라 공고문을 써붙일 거야
훔쳐 가지 못한 씨앗들은 가랑비에 움이 터

헛간 마당은 금세 꽃밭이 되고 말겠지
꽃 도둑이 훔쳐다 놓은 물건들이
노랑 빨강 하얀 꽃이 되어 피어난다면
온 동네방네 나비 벌들이 쳐들어오겠지
자기들과 꼭 닮은 도둑이 이웃에 산다고
희희낙락 즐거워하며 이삿짐 선물 싸들고 들락날락
하겠지
아, 그들이 가져다 놓은 성냥 선물을 받아
밤새 불꽃놀이 할 거야
밤하늘 별보다 더 이쁘게 활활 타오르는
성냥불 축제를 보며
별들도 나의 꽃 마당을 부러워하겠지
별들도 도둑이라면 얼마나 좋을까
별들의 씽씽한 향기 맡으며
나는 깊은 잠에 빠져들 거야
심장과 가슴과 영혼까지 다 훔쳐 가도록
몰래 잠든 척할 거야
별들이 이 방 저 방 훔쳐 갈 것이 없나 조마조마 떠들

다 가도록
이 방 저 방 나의 얼굴에도 별 발자국이 선명히 찍히도록
밤새도록 누어 있을 거야
별들이 도망간 후 몸에 찍힌 별들의 문신을 보며
꽃들에게 자랑할 거야
나는 별들이 훔쳐 간 몸이라고
영혼은 너희들이 탐을 낼 수 없다고
큰소리 쾅쾅 쳐 놓을 거야
꽃들이 별들이 도둑이 되어 늘 내 곁을 두리번거린다면
얼마나 좋을까
벌 나비들도 킁킁거리며 향기를 훔쳐 가도록
나도 꽃 한 송이 된다면 얼마나 좋을까

돌배꽃 마을에는 오월에 눈이 내린다

돌배꽃 나무 아래 서 있었다
바람 한바탕 지나가자 우우 눈발처럼 흩날리는 꽃잎들
나는 한겨울 눈사람이 되어 한참 동안 먹먹하였다
눈도 코도 입도 다 봉한 채
향기 속을 헤매고 다녔다
시냇물 위로 둥둥 떠가는 하얀 꽃잎 사이
나도 흰 배가 되어 흰구름 되어 떠내려갔다
꽃잎 떨군 나뭇가지에는
하얀 나비 떼 닥지닥지 붙어
돌배 꿀에 빠져 있었다
바람 한바탕 불면 다 사라질 꽃잎들
나비들 그리고 그림자들
허지만 돌배꽃나무는 묘비명처럼 그 자리에 서 있었다
시냇가 바위틈에 단단히 뿌리박고서

젖다

고개를 젓는 나뭇잎들을 바라보고 있으면
몰래 젖는다
안개 속도 아닌데
비 오는 날도 아닌데
햇살에 젖는 때가 있다
바람에 젖어 드는 때가 있다
시냇가에 앉아 꽁지를 까딱까딱 젓고 있는
노랑 할미새를 보았을 때
몰래 천천히 내려와
징검돌 사이로 맨발을 들이밀 때가 있다
세상의 뜀박질에 상처 난 돌멩이들
무좀이나 때로 찌든 신발을 벗어 던진 채
어디서 알았는지 버들치들 피라미들
발가락 사이로 아랫목처럼 파고든다
낮달도 함께 춤추며 헤엄치며
발가락 속으로 한정 없이 빠져드는

저 둑이 와르르 무너지면

저 둑이 와르르 무너지면 얼마나 좋을까
꽉 갇혀 있던 고기들이 누구보다 좋아하겠지
낚시꾼들의 희롱의 대상만 되었다가
배고픈 별들의 그리움만 되었다가
이젠 시냇물 맨바닥에 깔린 자갈돌도 만나게 되겠지
그곳에서 개헤엄치는 어린애 눈물도 만나겠지
들판을 가로질러 신나게 흐르다보면
꿈에도 그리던 바다 그 싱싱한 햇물살에 떠밀려 가겠지
이렇게 폭우가 쏟아지는 날
번개 칼에 뚜욱 잘려 우르르 탕탕 무너지면 얼마나 좋을까
나를 지켜보던 저 산이 제일 슬퍼하겠지
별도 없는 밤이면 걸어 내려와
온몸 담그던 사내
뜨겁게 사랑을 쏟아 붓던 그 우람한 팔뚝에서 벗어나
오른쪽 산자락 꺾어 돌아가면
달수가 놀던 약산에 원추리도 보이겠지

필녀가 노래하던 영산에 쇠백로도 보이겠지
저 둑이 콸콸 까르르 무너지면
그곳 물나라엔 사랑의 나라가 비치겠지 출렁이겠지
모래성 쌓던 섬들이 속삭이는
물고기들의 한 나라 이루겠지
태양과 파도가 뒤척이는 하얀 속곳도 보이겠지

잃어버린 시간을 찾아서

강물 속에 떠내려가는
젖은 시계를 건져 손목에 찬다
바람개비가 되지 못하고 불꽃이 되지 못한
나비나 청개구리가 되지 못한
왜가리가 물가에 앉았다가
냉큼 물고 가는 파들거리는
저 파란 공포의 시간들
버들치가 부리 끝에서 잠시 투정하는
은빛 붕어가 그것도 모르고 입질하는
투명하게 빛나는 눈물 같은
폭포 속으로 나가 떨어지는 무참한 시간들
소리 없이 포말 속에 잠적하는
낙엽 배 되어 멀리멀리 도망가는
여울목이나 빨래터에서 잃어버린 푸른 구슬 같은
강물에 떠내려가다 미련처럼 잠시 뒤척이는
젖은 손수건 같은 시간을 풀어
강물 속에 집어던진다…
퐁당 퐁당 돌을 던지자, 나를 던지자

후련한 시간들
노란 유채꽃밭에서는 하얀 나비 떼
잃어버린 보물을 찾아
이 꽃 저 꽃 치맛자락 들치고

상자는 상자를 닮아 간다

벽과 벽끼리
그렇게 다감할 수가 없다
속내를 다 열어 놓고
뭔가를 속닥거리는 듯한
조용한 소음들이 그렇게 살고 있다
어두컴컴한 구석에서
버려져 서러운 것들의 한탄 소리
빠져나오지 못한 감금의 기억들이
채 발효되지 못한 술처럼 고여 고시랑거리고 있다

신발 상자 속엔
걸어 보지 못한 까마득한 길들의 약도가
실타래처럼 엉켜 있다
책장 서랍 속엔
숲 속의 정글들이
말 못하는 야생의 짐승들 포효 소리
빈집 꼭 닫힌 자물통 속에선
벌렁벌렁 바람난 처녀의 소문들이 가출한 미로들이

찢어진 모기장 틈으로 내통하고 있다

엘리베이터 상자에는
상자에서 상자로 끊임없이 세상을 배회하는
상자 같은 얼굴들이
거울 속을 망연히 들여다보고 있다
상자는 끊임없이 무한 복제하며 아들을 낳고 있다
자신의 이름에 아들子가 있는 걸
여보란 듯 뽐내기나 하듯이

촛불의 노래

스스로 낮아지는 눈빛들이 빙 둘러앉았습니다
두꺼워진 마음의 벽을 허물어 눈물방울을 빚고 있습니다
저 방울은 흘러 흘러가서
먼 지평선 너머 미리내 강가로 흘러들겠지요
별빛 속에는 촛불 하나씩 켜 있습니다
촛불 하나에는 별빛이 초롱초롱 빛납니다
별빛 속에도 우리들의 사랑처럼
까맣게 타는 심지가 있을까요
키가 점점 작아져서 초조해지는
저 비겁하고 짠한 사랑이 있을까요
실바람에 흔들리면서도 철없이 당당한 불꽃
제가 타오르는 시간 동안
스스로 꽃인 줄을 촛불은 알고 있을까요
눈물방울 뚝뚝 흘리면서도
뜨거운 심장이 제 안에 있음을 또한 모르는 걸까요
키가 점점 낮아질수록 더욱 어둠의 성은 높아갑니다
촛불과 촛불들은 자신을 잘 모르기에 함께 모일 줄

을 압니다

자신의 하소연들이 한데 모여 날아가는 어둠의 끝에

이 세상에서 가장 아름다운 별빛이 빛나는 걸 아는 까닭일까요

어둠은 태우면 태울수록 심지가 작아지는 촛불입니다

지상에서 스스로 낮아지는 저 심지의 끝에선

아름다운 소망으로 빛나는 줄 알기 때문입니다

촛불은 촛불이 아니랍니다

스스로의 심지를 살라 불꽃이 되기 전까지는

자신이 스스로를 살라

어둠의 사리로 사리지기 전에는 꽃이 아니랍니다

꽃이 져야만 다시 열매가 맺히는 줄

촛불은 어찌 알고 있었던 걸까요

적

정치적이라는 말은 적이다
경제적이라는 말도
합리적 비합리적이라는 말도 적이다
시적이라는 말도 적이다
나는 적에 둘러싸여 살아간다
이 도적들에 대항하기 위하여
나도 정치적 경제적 동물이 되어 간다
시장 가서 신발을 사고
신발 가격을 흥정한다
떡볶이를 먹고 순대를 사 먹고
트림을 하며 사회적 동물이 되어 간다
가끔 가다 골방에 틀어박혀
시적 몽상에 사로잡힌다
이런 도적들에게
시간과 공간을 도적질당하며
하루는 웃고 또 하루는 멍하니 운다
전세방을 옮기기 위하여
방세를 흥정하고

남향인가 북향인가 따지며
내 운명의 향방을 점친다
일 층인가 삼 층인가 옥탑 방인가
고민하며 내 삶의 질을 가늠한다
정치적 경제적 사회적 동물이 되기 위하여
끊임없이 지껄이고 저주받은 팔뚝을 내지르며
저항하고 때로는 침묵하며
손뼉을 미친 듯 쳐대기도 한다
나는 정치적 경제적 삶을 혐오한다
또한 정치적 경제적 삶을 알게 모르게 사랑한다
나는 동물적 삶을 동경한다
지층 깊이 숨어 있는 금과 은과 구리들
그런 광물적 삶을 동경한다
내 혈관 속 세포 속에 있는 적들이
나의 친구란 걸 믿는다
나는 적과의 동침을 두려워하지 않는다
내 삶의 숙제는 적과 화해하는 법
적과 대화하는 법을 깨닫는 것이다

몽상적 비현실적 쾌락이여 감성이여

맘껏 울고 웃어라

맘껏 춤추고 노래하라

가증스럽고 사랑스런 적과

밤새도록 뒹굴면서 피 흘리면서

제2부

근양 간다

3시부터 4시 사이

시의 첫 행이 무죄이듯
밤은 다 무죄다
나무도 꽃도 바람도 시냇물도 밤에 포섭되어
다 평등하다
별빛도 달빛도 밤 앞에서는 눈만 껌벅거린다
밤에 떠나는 열차
열차를 받아들이는 깊은 터널
터널 끝에는 캄캄한 밤
잠시 소음에 뒤척이다
가랑잎 몇 데려가다 그냥 내버려두겠지
쓰다 만 편지처럼 뜬소문처럼
열차가 떠난 창밖은 무심하다
뻐꾹 시계가 새벽 3시를 친다
밤은 시행의 처음이자
마지막, 새벽이 와도 밤은 두렵지 않다
두 줄기 철길처럼 나란히 누워
평등을 노래한다
밤은 밤다워야 새벽은 새벽다워야

열차도 터널도 다 평안하리라
시의 첫 행이 무죄이듯
이 펜도 종이도 다 무죄다
밤 뻐꾸기가 새벽 4시를 친다
몽상의 벽이 와르르 무너진다
모든 문이 환하다

황금 사과나무

일요일 저녁 태양의 점지를 받은 나는
월요일엔 보름달 어머니 태중에 있었지
화요일 새벽 닭 울기 전에
이 세상 처음 활화산처럼 울음을 터트렸네
이제 수요일 물처럼 흘러가는
나의 젊음을 꿈을 우두커니 바라보네
목요일 아침 빈 마당에
나무 하나 심을 작정이네
황금처럼 빛날 사과나무 하나를
마침내 사과 하나 열려
태양빛에 구어지고 달빛에 식어
수천 번 담금질된 후
허공에 빛날 하나의 열매
그 열매도 결국 토요일 저녁엔
땅으로 굴러 떨어지고 말겠지만
그래서 이름 없는 바람이나 구름이 되고 말겠지만
어둠을 사르며 떠오를 태양을 믿기에
오늘 뒤뜰에 삽질을 하고 있다네

다시 사과나무 하늘에

황금빛 그늘이 드리울 그날을 꿈꾸면서

구름의 무게

가슴을 누르던
먹장구름의 무게
한바탕 소낙비로 쏟아진 뒤
희한한 무지개가 걸렸다
빨강 열정이 3kg
주황 걱정이 2.5kg
노랑 기쁨이 3.5kg
초록 평화가 3.2kg
파랑 고독이 4.3kg
남색 질투가 2.8kg
보라 적개심이 3.1kg
제 깜냥의 무게로 구름의 영혼을 달래 준다
쇠기러기 떼 저울대에 올랐다가 금세 달아난다
무지개 저울이 잠시 왼쪽 오른쪽으로 흔들리다
다시 제자리로 돌아간다
황혼의 무게가 너무 무거웠던 것일까
무지개 저울은 어딘가로 숨었고

새 떼 날아간 쪽으로 달 저울이 걸렸다
우울의 무게를 다는 데는 저 달이 제격이다
어느 땐 120kg이다가
또 어느 땐 반쪽이 무게였다가
캄캄한 밤 별의 무게로 깔깔깔 빼드렁니로 웃기도
하다가
은하수 강물에 엎어진 수제비 대접이기도 하다가

새싹

땅이 새싹 리본을 달았습니다
나비처럼 훨훨 날고 싶었던 게지요
점차 자라오르더니
넝쿨손이 생각난 듯 휘휘 허공을 저었습니다
하늘 구름과 어깨를 겨루고 싶었던가 봅니다
천둥 번개 치던 밤
붉게 물든 잎사귀를 몽땅 집어 던졌습니다
가볍고 무거운 근심을 다 버린 채
누군가에게 편지를 쓰고 싶었던 게지요
눈이 하얗게 덮이던 날
나무는 고즈넉하게 고개를 끄덕입니다
하늘의 길을 알았다는 듯
흔들리는 그림자와 손을 맞잡고 춤을 추었습니다
어깨에 내려앉은 작은 새도 구름도 햇볕도
가볍게 시나브로 흔들립니다
흔들리는 것이 단 하나의 축복이라는 듯
고요히 떨고 있습니다

새 한 마리 문득 날아오릅니다
쓸쓸하고 황홀한 풍경이 되어

얼룩

손가락에 스카이블루 잉크가 묻었다
채 글씨가 되지 못하고
얼룩으로 남은
뜬구름 같은 속절없이 사라지고 말 풍문 같은
우연한 그림 하나가
몽고반점처럼 박혀 있다
나의 삶의 구 할은 얼룩이었다
울음이 되지 못한 채 깨져 버린 알들은
다 무엇이 되었을까
내가 글을 쓰는 동안 움직이는 나뭇가지들
바람이 분다 꽃잎이 흩날린다
열매가 되지 못하고 흔적 없이
물에 둥둥 떠가는 꽃 그림자들
스카이 블루 하늘의 흔적을 물에 씻는다
돌멩이로 문지른다 언제 있었냐는 듯
아무런 낌새가 없다
내 몽고반점의 후예는 달랑 지상에 둘,
그 아이들도 어딘가에 깜냥껏 삐뚤빼뚤

제 나름의 글씨를 쓰고 있으리라
수많은 얼룩과 흔적을 몰래 부끄러워하면서

무슨 소용

하늘에 새
흰 구름이 없다면
먼지도 소낙비도 없네
먼지 소낙비가 없다면
풀도 나무도 자랄 수 없다네
푸나무가 자랄 수 없다면
푸른 강물 붉은 꽃도
다 무슨 소용
붉은 꽃 붉은 노을 피어나지 않는다면
푸른 하늘도 없다네
하늘이 없다면
지평선 수평선도 무슨 소용
네 이쁜 얼굴도 퉁탕거리며 설레는 내 심장 소리도
다 무슨 소용?

섭이국聶耳國*

해남 땅끝마을에서 통통배를 타고
보길도를 거쳐 남동으로 남동으로 삼백 리쯤 가다 보면
큰 말 귀때기를 닮은 섭이국이 있다네
그곳에서 자라난 나무들은 모두 다
짐승의 귀때기를 닮았는데
호랑이 사자 염소 살쾡이 고라니 여우뿐만 아니라
저 호주에 사는 코알라 캥거루 귀때기를 닮은
코알라 캥거루 나무도 있다네

그 섬 한가운데는 토란 밭이 있는데
그 잎사귀들은 모두 한결같이
코끼리나 당나귀 울음소리를 내면서
새벽을 알리고 저녁을 알린다네
이 소리에 하루 종일 배를 몰고 나갔던 어부들이
포구로 돌아오는데
배에는 온갖 색깔과 모양의 짐승 귀를 닮은 물고기
들이
번쩍번쩍 파도 소리를 내면서 춤을 춘다네

어부들은 그 물고기들과 풍어제 축제를 벌이는데
그들의 귀 또한 어찌나 큰지
그 귀에 술을 따라 마시고
떡과 약밥을 귀바퀴에다 덜어 먹고
밤새도록 노닐다가 집에 돌아오면
아내도 아이들도 코를 골면서 잠을 자는데
토란잎 귀로 된 파도 이불 속에서 꿈을 꾼다네

섭이국에는
하늘의 소식들이 하도나 잘 들려와
싸울 일도 다툴 일도 하나 없이
모두 다 신선처럼 토란잎 연잎 파도 소리로 노래하며 춤추며
수평선 그늘 아래 아득한 눈의 나라 꿈을 꾼다네

* 聶耳國 : 『산해경』에 나오는 귀가 큰 사람들이 사는 나라의 이름.

워디망큼 왔당가?

워디망큼 왔당가
당당 몰랐당께
여직도 까마득헌 길
멀었다를 뭐 땜시 몰랐다 했을께라우

어리어리 봉께로 만져 봉께로
몰캉몰캉하고 까실까실헌
몰랐다는 말 암시랑토 않게
아는 데끼 데면데면 살았지라우

토깽이 곁은 머슴애 가시내 화들짝 멀어지고
호박 엉뎅이 빼다 박은 열이레 달덩어리 하나가
외할무이 묘똥맹키로 펑퍼짐한 어덕배기에
희한한 절 하나 몰래 감추고 있어라우

워디망큼 왔당가
당당 몰랐당께, 워디로 시방 난,

쌍무지개 몽게몽게 피어나는 길
산 메아리 아롱아롱 사무치는 길

달버레*

뽀윰한 달빛 아래 시 한 편 썼지라이
달님헌티 읽어 보라 창밖에 내걸었어라우
한 모렝이* 두 모렝이 싸목싸목* 갉아 쌓더니
쬐깐한 버레 똥 글자 산지사방 흩날렸어라우

포도시* 새벽 꿈 깨어
창밖을 보라꼬 있는디
워매 저것이 대체 뭣이랑가이?
탐스레 통통한 달 뿌렁지* 봄시롱

콧구녕에 불이 난 동네 똥개들
남새스레 생난리들 피워댔지라이
엉뎅이 무꾼해진 헛간의 달구들도
달내음 몽게몽게 알 까고 말았지라우

암시랑 않던 동산도 뜬금없이 풍덩그레
황금 알 하나 내질렀지라이
요로코롬 가난허고 휘영찬 아칙*은

난생 처음이제라우

* 버레 : '벌레' 의 호남 방언.

* 모렝이 : '모퉁이' 의 호남 방언.

* 싸목싸목 : '천천히' 의 호남 방언.

* 포도시 : '겨우' 의 호남 방언.

* 뿌렁지 : '뿌리' 의 호남 방언.

* 아칙 : '아침' 의 호남 방언.

내가 시골 군수라면

내가 군수라면
마을 이름을 이렇게 지을란다
도토리 상수리 마을
너구리 오소리 마을

거리거리 골목골목마다
떡갈나무 오리나무 숲길 만들어
다람쥐 어치 청설모 뛰어댕기며
숨바꼭질하게 하리라

사과 복숭아 개살구 고욤나무를 심어
과일 꽃향기로 울긋불긋 물들이리라
고사리 너구리 고마리 쇠박새 거리
멧돼지 은빛여우도 아~ 우! 울어대는
야생이 살아 넘치는 산골 군수가 되리라

내가 시골 군수라면
숲 속에 서당을 지어

하늘천 따지 가마솥에 누룽지 노래하며
숲 속 동물들과 하루 종일 놀게 하리라

유리창 너머

유리창 너머 바라본 저녁놀

붉은 장미꽃이 금세 시들어

세찬 바람에 풀풀 무너진다

아스라이 사라지는 길목들

문 · 1

나의 삶에는
문이 두 개 있다네
밀고 나온 문과
아직 한 번도 열어 보지 못한 문
그 문을 밀고 나간 사람은 많지만
되돌아온 사람은 아무도 없다네
그 문은 어디에나 있고
누구나 열어 볼 수 있지만
열어 보는 사람은 그리 많지 않다네
내가 밀고 나온 문은
어머니라는 문이요
내가 열어 보지 못한 문은
심연의 문이라네
나는 아직 밀고 나온 문을 잘 알지 못하기에
두 번째 문은 생각할 겨를이 없다네

문 · 2

가랑잎에도 문이 있다
벌레가 뚫어 놓은
구불텅하고 길쭉한
문들

이파리 하나 누워
하늘을 본다
하늘이 벌레다
나무도 벌레
저 아래 우리 동네 아파트도 벌레다

벌레의 문으로 들어가 보면
모두 나비가 되어 날아간다
나도 벌레 문 하나 달고
가랑잎 베고 눕는다

마냥 하늘을 갉아 먹는다

수풀떠들썩팔랑나비 하나

라팔라팔 푸른 하늘 접어 사라진다

문 · 3

저 조용한 문 뒤에
누군가 있다
무너지지 않고
잘 열리고 닫힐 수 있도록
꼬옥 손잡고 있는
누군가가
나의 오늘에도
누군가 숨어
발걸음을 지켜 주는
잠과 밥과 일들을 보살펴 주는
누군가가 계시다
푸른 강의 물고기가 마음껏 헤엄쳐 다니고
새들이 수평선 떠메고 날아가듯
저 텅 빈 허공에
허공을 허공이게 하는 그분
문 뒤에 허공이 있다
나의 그림자 뒤에도

누군가 분명 계시다
나의 배경이 되어 주는

문 · 4

눈은 콧구멍을 보지 못하고
코는 입 구멍을 보지 못한다
입은 귓구멍을 보지 못하고
귀 또한 눈구멍을 보지 못한다
구멍은 구멍을 보지 못해
늘 누군가를 그리워하나 보다
동굴이 바다 구멍 하늘 구멍 보고 싶어
곰과 독수리와 능구렁이 봄바람을 키워내듯이

문 · 5

문소리가 난다
가만 있던 문이 뭔가 할 말이 있었던 모양이다
누가 왔을까 나가 보았다
아무도 보이지 않고
금낭화 가지가 바람에 흔들린다
아, 금낭화 향기가 다녀가셨구나
나비가 팔랑팔랑 향기 뿌리며 주위를 돈다
아, 나비가 문을 열었던 게로구나

문이 열린 꽃술이 붉게 물들었다
나도 모른 사이에 저렇게 향기로운 만남이 있었다니
수수꽃다리 그늘에서 노랑 고양이 어미가 운다
네 마리 어린 새끼들을 데리고서
어디로 마실 나가시나?

문소리가 난다
고양이 슬그머니 바람문 여는 소리
문소리가 난다

지친 햇살이 그늘 속에 털썩 드러눕는 소리
사방이 문이다

나는 문에 갇혀 있다
소리의 문
향기의 문
문 안이 있어 심심하지 않다
고독한 내가 잘 있나 문안하는 고양이가 있어서
금낭화 너풀거리는 향기가 있어서

빈 하늘 한 소식

빈 하늘 한 소리 있어 고개 들어 바라본다
어라, 기러기 떼 끼룩 끼루룩
니은 자 시옷 자 휘갈기며 간다
맨 앞머리에 첫 대궁을 쓰고 가자
차례차례 줄지어 간다
꼬랑지에 악착같이 바짝 달라붙어 가는
저 안타까운 그림자들
누군가 팽팽한 시위를 당겨
쏜 화살들
아니다,
끊어진 소식 파편이 되어
한 서린 핏줄 잇고 있는 줄 어찌 알랴
빈 허공에 한 소리 있어
물끄러미 쳐다본다
앞서거니 뒷서거니
저 아슬아슬한 한 획 두 획
확, 구부러진 활
아무도 어쩔 수 없는

고요한 말씀 한 소식
가비얍게 지평선 한 폭 한 번 들었다 놓는다
새 떼 날아간 과녁 쪽에서
황금빛 둥근 달 하나
빙긋이 이쪽을 내다보고 있었다
기러기 알 같은 것이
방금 낳은 듯
모락모락 김을 풍기면서

근양 간다

도봉산 회룡사 건너
깊은 산길에 들어서니
나무다리 입구에
'근양 간다' 란 낙서가 휘갈겨 있다
'그냥 간다' 를 '근양 간다' 라 잘못 쓴 걸까
세심교나 해탈교를 건널 때 보던
화두처럼
번쩍 눈에 뜨인다
세상만사 무엇에도 끄달리지 않겠다는
'근양 간다' 는 말
근양이 어디일까?
뿌리 根, 볕 陽!
'빛의 뿌리' 의 나라에 간다는 걸까
까마귀 꽉꽉 울어 쌓는
포대능선을 천천히 걷다보니
'근양 간다' 는 말이
서늘하다

벼랑 끝에 앉아 허공을 내다보는

황조롱이 한 마리

햇볕 속에 찬란하다

근양이 이곳이구나

아무 까닭 없이 까탈 없이

그냥, 근양 간다

3부

공포도 때로는 음악이 된다

동행

벤치에 앉았다
누군가 곁에 앉는다
언젠가 본 적이 있는 듯
낯설지 않은
동그란 얼굴 그을린 매무새
누구일까?
가만히 바라본다
내가 걸음을 떼자 그도 걷는다
이마에 손 얹고 하늘을 보자 눈먼 시늉을 한다
손을 젓자 심심한 듯 손을 휘젓는다
나와 똑 닮은 분위기
아버지, 아버지의 아버지,
할아버지의 할아버지인지도 모른다
솔바람인지 새소리인지
언젠가 들었던 언젠가 귓가를 스치던
가벼운 웃음소리 살풋한 음성
벤치에서 일어선다
그와의 동행을 아쉬워하면서

조심조심 걸음을 옮긴다
뒤를 따라오는 발자국 없는
햇살도 바람도 조심조심
동행을 방해하지 않으려는 듯
아무도 몰래 그늘 속으로 숨는다
나도 말없이 그의 품에 안긴다

안개

안개가 낀 날에는
사물들의 윤곽이 희미해져
유곽으로 받침이 빠진다
경계가 무너진다
전각이 전락으로 자꾸 읽힌다
흐리멍텅한 경계선에서
유영하는 나의 시선
찢어진 장미 치맛자락같이
너덜너덜 해진 나의 착각들
착각이 착란으로 읽힌다
착란이 찬란으로 읽힌다
찬란한 이슬방울들이
탐욕스런 해의 입술 속으로
찰랑찰랑 헤엄쳐 간다
입자와 입자의 난투장에서
가지들이 기지개 켜며 일어선다
안개 속에서는 혼자이면서
모두가 혼자가 아니다

미세한 방울과 방울 속에서
자신의 예리한 각을 허물고
부드러운 비음으로 하나가 된다
가끔은 희끄므레한 배경 속에서
붉은부리딱새가 울 때가 있다
색.즉.시.공.

공포도 때로는 음악이 된다

갓 모내기한 논두렁을 걸어간다
가까이 가면 개구리 소리 잠잠하고
방금 지나온 등 뒤에선 다시
개구리 소리 커진다
나는 벌판의 음악가
개구리 건반을 친다
가까이 멀리 퍼지는 개구리 피아노 소리
달빛도 무논 위에서 멋진 월광곡을 춘다
내 발자국 소리 공포의 음계가 되어
개구리 피아노를 침묵시킨다
공포도 때로는 음악이 되는구나
그 아득한 고요와 달빛과 소음이 교직되어
한 편의 거대한 오케스트라가 되는구나
어느 숲에선가
벌판의 음악을 시샘하듯
소쩍새 검은등뻐꾸기 소리
홀딱 벗고~ 홀딱 벗고~
솥작다 솥작다~

올해도 개구리 소쩍새 오케스트라 덕분에

대풍년이 들겠구나야

기차

기차는 좋겠다
제 길이 있어서
기차게 힘이 좋아서
늘상 다니는 길을 새로운 길인 듯 달리는
그 순진성에 놀란다
무식하게 힘이 좋아서 탈선할 듯도 하지만
그런 생각을 꿈에도 해 본 적 없으리라
탈선이란 바로 죽음이므로
단순성으로 행복하게 살아가는
목적지 향해 맹목으로 달리는
그와 함께하면
나도 하루가 풍성하고 단순해진다
차창에 어리는 풍경들에 빠져서
마음속 고민들이 깨끗이 지워진다
앞에 놓인 구불텅한 길도 평탄하고 단순해진다
기차를 타는 날은 꿈을 꾸는 시간
한없이 펼쳐진 허허벌판 위에
꿈결처럼 날아오르는 기러기 떼 가창오리 떼

철새들의 날개는
아득한 정물화 한 폭을 업고 날아간다
철새들은 좋겠다
철로라는
탈선이라는 말이 없어서
머나먼 하늘 노선
아무 미련 없이 차오르는 저 단순한 비상에
다시 한 번 놀란다
그들에게도 보이지 않는 삶의 천산북로가 있는 것일까

(철새들에게도 길이 있는 것일까?
길 잃어버린 새들이 가끔 탈선하여 미조가 되는 걸 보면)

능선

고요하다
눈 오는 날도 비 오는 날도
하지만 바람 부는 날
잔등을 울먹이며 뒤척이는 걸 보았다
천둥 벼락 치는 날
터럭발 곤두세우며
구름장 물어뜯듯 울부짖는 걸 보았다
호랑이 가죽 무늬처럼
깊어진 주름살 속으로
하얗게 쌓이는 눈
눈 위에 눈이 가득 내려
하얀 어둠으로 우는 걸 보았다
해를 띄우고 달을 띄우면서
소리 소문도 없이 연 날리는 걸 보았다
나는 산골짜기 어딘가
연자새가 숨었을 거라
잃어버렸던 방패연이 아직도 날고 있을 거라
온 산을 뒤진 적이 있다

북두칠성이 황금 열쇠 던져 주며
알리바바 주문의 문을 따 준 적 있다
그 언젠가
산은 몰래 가만 일어나서
춤을 추는 걸 본 적이 있다
연 날리는 일도 혼자 우는 일도
까마득 잊고서

거울

출신이 다른 것들에 섞여
홀로 빛을 발하는 자여
너의 빛은 어디서 오는가?
전등, 햇살?
아니다
네 안에 웅크린
납보다 수은보다 더 무겁고 미끄러운 벽
고독
독,
그래 독이다
싸늘한 유리의 투명한 슬픔이
너를 단련시킨 것이다
어둠 속 음모가 피워낸 향기
그 어떤 향수보다 치명적인 너
순결한 성
달빛처럼 산산이 부서지는 성질 때문에
저 아스라한 허공을 단숨에 넘어

멍한 동공에 비수처럼 박히는구나
환히 등불 켜는구나

담쟁이

벼랑 위에 담쟁이 넝쿨이 기어간다
벌레처럼 꾸불텅 꾸불텅
저 탈옥수들 우우 스크럼 짜며 바람결에 발설한다
물고문에 전기고문
통닭구이며 원산폭격
겨울의 백색 테러리즘이
발가락 동상까지 얼어터지게 하였다
푸르딩딩 팔뚝 휘두르며
정상까지 올라 만세삼창을 한다
따스한 햇볕 아래
멍든 뼈 다시 추스리고 있는 저 시한부 인생들
다시 언제 잡혀들지 모른 채
불안에 떨며 넝쿨손을 뻗는다
길을 찾는다
감옥에 갇힌 별들은
창살에 하나씩 손을 내민다
가슴에 별 하나씩 품고 산다

잃어버린 모자들

모자를 쓰고 걸어간다
그림자도 모자를 썼다
산길을 가다가 나무에 모자를 걸었다
나무 그림자도 모자를 썼다
시냇물에 모자가 떠내려간다
모자를 잡으러 나도 함께 떠내려간다
나무에 걸린 모자가 구름이 되고 바람이 되고
바람도 모자를 썼다
모자가 돌멩이에 걸려 흰 거품을 낸다
모자가 흰 거품을 물다니
모자를 주워 다시 머리에 쓴다
젖은 모자 젖은 그림자
젖은 햇살 젖은 바람
젖은 구름 하나가 비척비척 시냇물 속으로 떠내려간다
젖은 사람 하나가 떠내려간다
모자를 따라서
잃어버린 모자를 찾으러

나무의 꿈

나무도 원고를 쓰는 것일까
버리고 버리고 또 버린 다음
빈 하늘에 내걸린 붉은 까치밥
파지가 쌓일수록 사랑은 깊어지듯
수만 장 고엽을 덮고
나무는 뼈를 에는 삭풍을 견딘다
가랑잎 위에 회한처럼 덮이는
하이얀 눈
햇살이 비칠 때 감췄던 비밀이 드러나듯
시나브로 베일이 벗겨진다
속죄의 눈물은 녹아서 시내를 이루고
시내는 모여서 강물이 되고
푸르고 붉은 상처가 흐르고 흘러
백지 위에 한 편의 시가 완성되듯
나무는 칼날 추위와 폭설을 뚫고
향기롭고 환한 꽃송이를 맺는다
나무는 환생의 꿈을 그리는 것일까
수북히 쌓여 썩어 가는 질척한 부엽토 사이

오래 잊었던 기억처럼

연둣빛 영혼이 눈을 뜬다

그림자

1

나는 시방
경계선을 잰다
안과 밖이 하나
빛의 사생아
당신의 목숨
크로키 한다

2

그림자는
나의 옷, 당신의 옷
그대와 나
유일한
지상의 숙소

달의 무게

먼지는 먼지를 떠나 날아다닌다
나도 나를 떠나 돌아댕긴다
나와 먼지의 유사한 성질이다

먼지의 무게를 생각한다
나의 무게를 생각해 본다
저 허공에 떠 있는
보름달의 무게는 얼마나 될까?

달의 무게는 아마
나보다 먼지에 더 가까울 것이다
저렇게 가볍게 떠가는 걸 보니

소금을 위하여

한 덩이 금을 캐기 위하여
얼마나 산은 눈물을 뿌려야 했던가
한 줌 소금을 얻기 위하여
파도는 얼마나 오래오래 뙤약볕에 뼈를 말려야 했던가

바다는 사랑의 증표로
한 줌 소금을 생성하지만
사내는 결별을 위하여
다이아몬드 반지를 가느다란 손가락에 끼운다

한 송이 꽃을 위하여
얼마나 풀벌레는 이슬을 뿌려야 했던가
한 떨기 별을 위하여
파도는 얼마나 오래오래 칠흑의 밤을 뒤척여야 했던가

침목

침목이 침묵한다네 넘실넘실 아지랑이 봄을 싣고 가도
길가에 달맞이꽃 흐드러지게 피어 지게로 달을 실어 날라도
침목은 목침 베고 침묵한다네 거멓게 칠한 얼굴로
늘 바닥에 깔려 떠받드는 생, 철마가 달려오는 날 그 날을 손꼽아 기다리며
두루미 넘실넘실 학춤을 추며 짝짓기 하는 날도
기러기 저녁놀 속으로 고향 소식 떠메고 와도
철도에 녹슨 쇳물 들이켜며 환희처럼 기적 소리 다시 울릴 날 기다리며
침목은 목침 길게 베고 침묵한다네
고라니 멧돼지 철로에 오줌똥 갈기며 사라져도
비소가 비수처럼 박혀 삭아 가는 육신 기름칠 범벅으로 눈물샘도 말라
어쩔 수 없는 목숨 사이사이에 얼굴 빼꼼히 내민
엉겅퀴 민들레꽃으로 돌진하는 벌 나비 떼 위안 삼으며
침목은 망부석처럼 먼 지평 바라고 누워 있다네

가는 세월 누굴 탓하리

침목 침묵 침목 침묵

제 이름 구원처럼 주절주절 되뇌고 있다네

환풍구

바람개비가 돈다
바람의 무게로
바람의 속도로
바람의 요청에 따라 알레그로 모데라토
혹은 프레스토 비바체로 돈다
천천히 돌 때는 쫙 펴진 날개가 보이다가
빠르게 돌 때는 그저 동그라미 원으로 보인다
걸음걸이가 보일 때 마음이 차분해지다가
보폭이 보이지 않을 때 숨이 가빠진다
환풍구로 빨려 들어가는 담배 연기
긴 꼬리가 가오리연처럼 천천히 회오리치다가
통풍구를 빠져나갈 때 뭐라고 외칠까
쳇바퀴 돌던 일상의 해방구가 바로 이곳이로구나
나의 발걸음이 빨라지면
나의 무게도 나의 보폭도 바람처럼 보이지 않다가
천천히 팔자걸음으로 걸을 때
풍향계가 보인다
나의 행보가 보이고 먼 고향 깃발이 펄럭이고

연기 속에 무대에서 퇴장하는 숨소리가 아득하다
바람개비 숨구멍 속에
뱀눈나비 한 마리 산다
나비가 문득 빠져나오려고 허파꽈리 끝에서 날개를
털다
에취 에에취

소금 창고

강화대교를 지나
외포리를 건너가면
석모도가 있다

소금이 가고
소금이 오는 곳
태양이 오고
달이 가는 곳
그곳에 가면 소금 창고가 있다

하늬바람 건들바람에도
삐걱거리는 곧 허물어져버릴 것 같은
상여 같은 집

온종일 수차가 돌다
해 떨어지면 수차가 멈추는
수평선 땅거미 따라 걸음을 멈추는
약간 삐딱하게 우뚝 선 집이 있다

태양의 기울기로 지탱되는
바람의 무게로 불끈 다시 일어서는
가끔가다 천둥번개가 호통치면
팽창한 물 창고가 되기도 하는
이 세상에서 가장 서럽게 빛나는
오래된 세한도가 있다

연잎

연잎에 듣는

빗방울 소리

한 점 한 점

정성껏 떠받치는

저 푸른 손바닥

감당하지 못할 무게

넙죽 절하듯 비우는

새 발자국

화살표가 거꾸로 박혀 있다
화살표를 따라 자꾸 걸어가 보았다
가없는 허공
나더러 날아 보라 함인가?
앞으로는 가지 말고
뒤로 자꾸만 가라 한다
진보는 잘 모른다 한다
맨 처음으로 돌아가라고
처음 몸으로
둥그런 알로 돌아가라고
알몸으로 살 부비던 둥지로 돌아가라고
둥글둥글 살라고?
말없음표로 사라지고 없었다
단순한 흔적이었다

4부

몸으로의 여행

몸으로의 여행

배탈설사가 나고 나서
내 몸속에도 푸른 계곡이 있고
강물이 출렁거리고 있다는 걸 알았다
광란의 시간이 고슴도치처럼 몰래 숨어 있는 걸 알았다

쏴아 솨, 노호하는 폭풍우 속으로
어제 먹은 먹포도 알들이
난파선처럼 둥둥 떠 있었다

오장육부에 각인된 산과 벌판과 황톳빛 강물이
넘실넘실 불혓바닥을 휘두르며
해일과 광풍과 회오리를 동반하여
끝 모를 나락으로 내던져 버렸다
총천연색 파노라마가 몸 안을 뚫고 지나갔다

누군가 감독하고 연출하는 드라마 속 주인공들이
울고 웃고 떠들며 요동을 칠 때마다

화장실 문을 박차고 변기에 앉았다
턱을 괴고 조용히 거울을 들여다보는 시간
배탈설사는 몸으로의 긴 여행이었다

복종

파도는 무너지고 쓰러지면서
일어서는 걸 배웠다
곧장 일어서는 일 또한
한정 없이 넘어지는 일이라는 걸
처절한 복종으로부터 배웠다
넘어지고 일어서면서
결코 무너지지 않는 든든한 수평선을 얻었다
벼랑 하나 목침 하고 누워
수만 년 허공의 무게를 견디는 법을 배웠다
별 하나 하나 지우며 새기며
자신의 바다를 환하게 지키는 법을 알았다
어두우면 어두울수록 새벽이 다 왔다는 것을
바람이 혹독하면 혹독할수록
새봄이 가까이 오고 있다는 것을
파도는 쓰러지고 다시 일어나면서 알았다
잘 넘어지는 것이 살아가는 힘이라는 걸
밀물과 썰물로 빈 가슴 위로하면서

품속에 해와 달 아름다운 손으로 빚어내면서
한결같이 변함없는 영원한 노래 한 곡조를 얻었다

호수

호수도 뭔가
말을 하고 싶었던 것일까
깡 말라 버린 호수의
난해한 상형문자를 보았다
부르터진 거북이 등처럼
딱딱해진 파도의 혀
바람의 혀 햇살의 혀를 보았다
저 멀리
지친 파도들이 뭐라 뭐라 아우성이지만
지금 이곳은
물고기가 허연 배를 뒤집고 누워 있는
사막
드문드문
배고픈 새들의 발자국이
현장검증처럼 찍혀 있고
굳어진 혓바닥 사이에
약도를 그려 놓았다
그 지도를 따라가면 그 어딘가

물길이 있고 희망처럼 샘이 있고
아침마다 찬란한 태양이 솟아나는
존재 증명처럼
화살표를 찍어 놓았다
거북이 등에 실려 간 호수의 꿈
파도의 꿈을 말없이 증언하고 있었다
메마른 호수도 뭔가 고백하고 싶었던 것일까
바람의 혀가 쩌억 다시 한 번 금을 긋고 있었다

물방울 여행 · 1

흐르고 흐르다 보면

꽃이 핀다

네 몸 빌어

내 몸 빌어

물방울 여행 · 2

그토록 안타깝고
그토록 투명하고
수줍은 듯 입을 열듯 말듯한 창문 앞에서
차마 들어설 수가 없네
그토록 밝은 그늘 속에서
그토록 신선한 울음 속에서
새로 태어난 해말간 영혼 앞에서
도둑고양이처럼 차마 몸을 숨기네
그토록 잔인하고
그토록 숨 막히고
그토록 황홀한 꿈 앞에서
가시 박힌 푸른 절망은
굽힐 줄 모르는 열망은
끝 간 데 없이 망연자실한 백지 앞에서
떨고 있는 푸른 공포 속에서
꿈꾸는 눈빛은 흔들리던 펜대는
흠칫 놀라 와락, 쓰러지네
그토록 고요한

그토록 절절한 소망 가운데
시샘하는 남실바람의 유혹에
하늘 한 번 쳐다보고 가만히 눈을 감네
저 소리 없이 구르는
마지막 춤사위
안타까운 파도 속에서

쉼표 이미지

9자 같은 것이
깡말라 붙어서
멸치가 되고 말았다
올챙이가 연못 속에서
욜랑욜랑거리다가
혼자 외톨이 되었다
햇살 아래 낮잠도 실컷 자 보다
꼬랑지가 짧아져
금세 개구리 되어 폴짝폴짝 뛰다가
붉은 꽃잎 앞에 문득 멈춰서 보는 것인데
그 작은 눈에 어리는
산 것들의 벌떡거림
심장소리도 쿵쾅거려보는 것인데

달팽이 경

푸른 그늘 아래
보일 듯 말 듯
희미한 발자국 하나
푸른 잎사귀 경전을 온몸으로 핥으며

밑줄을 그었다
그 길이 비록
닿을 수 없는
나선형 회오리일지라도

등에 오래된 미래를 들쳐 업고
오늘도 형벌처럼
한 걸음 한 걸음
느림의 경전을 쓰고 있나니

길 잃은 나도
바싹 엎드려 난생처음

외줄기 경전을

친견하나니

꽃

폭발이다
환희
느닷없는 반역이다

갇혀 있기보다는
차라리
자유를

단 하루 만의 외출이더라도
곧 추락할지라도
그대와 만나고 싶다

우리 눈먼 해일로
배고픈 영혼들에게
빛을 맛있는 목마름을
바치고 싶다

폭발이다

환희

느닷없는 반역을

바위

바위 이름이 없는
바위 아무도 본 적이 없는
바위 북극곰처럼 엎드린
바위 귀도 없고 입도 없는
바위 늘상 잠만 쿨쿨 자고 있는
바위 바닷가 파도 소리만 듣고 있는
바위 해풍에 손과 얼굴 씻고
아침 태양을 맞이하는
바위 내가 한 번 마주친 적 있는
바위 움쩍 않고 서서 먼 수평선을 잡아끌고 있는
바위 아무것도 되길 바라지 않는
바위 아무것도 아닌
바위 아무도 몰래 금 가고 있는

고개

고개를 돌려 본다 유리창이 보이고
저 멀리 산 능선이 보인다
그 위론 조각구름, 좀 있다 기러기 떼 뭔가를 쓰며 날아간다
고개를 다시 오른쪽으로 돌려 본다
백석 농협이 보낸 달력이 보이고
오늘이 9월 13일 경술庚戌 개날이다
그 위론 시계가 재깍재깍 제 길을 간다 개날이라니?
고 아래로는 빨강 글자가 연달아 박혀 있다
그렇구나 벌써 추석이 다가오는구나
뒤안에 밤나무는 아직 밤을 떨구지 못하는데
나의 감나무에는 아직 감이 열리지 않았는데
그동안 강 건너 산 너머 수많은 고개를 건너왔다
서른 고개, 마흔 고개 그리고 지천명知天命
고갤 다시 돌려 본다
능선에 있던 구름이 어디론가 가 버렸다
유리창 가에 고추잠자리 어른거린다 어라?
짝짓기 비행을 하는구나 다시 앞을 본다

컵에 담긴 쑥부쟁이 보랏빛이 선명하다

개날에도 변함없이 꽃은 꽃이고

구름은 구름이고 산은 산이로구나

지천명은 그대로 오십 고개로구나

고개를 돌려 보는 일, 그것이 내가 할 일이로구나

금요일에 13일, 뭔가 켕기는 개 같은 날이지만

저렇게 늘 푸른 능선은 나의 시야를 시원하게 틔워 주는구나

태양은 밝게 빛나고 들판은 저렇게 평화롭고 황량하구나

개미 일기

작은 불개미 한 마리가
펼쳐놓은 국어대사전 높은 언덕을 올라간다
'ㅍ' 에서 'ㅊ' 'ㅈ' 을 지나
'ㅂ' 'ㄴ' 까지 그리고
노벨상 노박덩굴이 있는 계곡을
몇 번 들락거린다
노린재나무로 건너가다가
노르스름한 노트르담성당을 지나
다시 낭떠러지로
천천히 왼쪽으로 방향을 튼다
노벨상이라는 글자보다 더 작은 벌레가
노벨상이 대단한 줄 알기나 한 듯
등산가처럼 호기 있게 야호,
높은 산정에 깃발을 꽂는다
한참 잊어버릴 때쯤
깊은 크레바스 어디서 발굴했는지
죽은 개미 시신 하나 물고 언덕을 올라온다
에베레스트 낭떠러지에서

천신만고 끝에 구출한 듯
의기양양 우쭐거린다
거대한 산처럼 우뚝 누워
세찬 바람 훅 불며 거부하는
나는 아랑곳하지도 않고

모서리가 없어지다

저 모서리가 없어졌다
저 벽이 점차 넓어져 높은 하늘이 되겠지
저 천장은 날아가 편편한 구름이 되겠지
구름은 또 어디로 날아가 벽이 될까
눈물이 될까
저 모서리가 없어지면
창도 없어지고 창틀도 없어지고
마침내 내 방은 바다가 되겠지
망망한 바다
바다엔 모서리가 없을까
섬이 없어졌다
바다는 바다가 아니지
바다에 모서리가 없다면
갈매기도 바다사자도 기댈 데가 없어지겠지
모서리를 찬찬히 뜯어본다
모서리에 줄을 치고 있는 거미 한 마리
그렇지 나도 저 거미를 따라 집을 지어 봐야지
하얀 원고지 텅 빈 유리창에도

집 하나 멋있게 지어 봐야지
벽도 만들고 창도 만들고 천장도 달아 봐야지
그러고 나서 모서리를 쳐 없애는 거야
그러면 그곳엔 푸른 하늘이 펼쳐지고 큰 배가 떠가고
일망무제 수평선이 춤을 추겠지
그리고 사랑스런 그대가 비치파라솔에 누워 고양이
처럼 야옹거리겠지

나무 그림자

나무 그림자는 실은
이 세상에 짓지 못한 바람의 집이다
오랜 여행으로 지친 바람의 등을 보아라
나뭇잎 사이사이 파고드는 빛 강물의 일렁임을 따라
바람은 수시로 기둥을 세우고
서까래 걸어 아늑한 방을 만든다
바람의 방을 엿보는
햇살의 은밀한 시선은 느껴 본 자만이 알리라
정자나무 그늘 아래 낮잠을 청하면
꿈길에 언뜻언뜻 들리는 어린 새 소리
바람은 우지끈 뚝딱 처마를 허물어
햇살 한 자락 끌어당긴다
밤이 오면 그림자의 집은 어딘가로
소리 소문도 없이 사라진다
나무 기둥만을 남겨 놓은 채
먼 마실 떠나 버린다
홀로 남은 나무 그림자는
밤마다 듣도 보도 못한

우주 자궁 속으로 들어가
하늘과 땅의 슬픈 소식을 몰고 온다

신神

너는 왜 거기 있느냐

어느 별에서 어느 별로

어느 벼랑에서 어느 벼랑으로

날 업어다 주려고?

신발아 !

너는 누구냐

산

구름에게 물어보면 침대라 한다
빗방울에게 물으면 오랜만에 찾아오는 집이라 한다
해나 달은 자신의 발자국이 닿는
멋진 오솔길이라 말하리라
강물을 물끄러미 굽어보는 산어머니
강은 쫄쫄 젖을 빨며 먼 길 떠나리라
산은 산이 아니다
다람쥐에게 물으면 식당이라 한다
침실이며 안방이며 독서실
까치는 멧비둘기는
자신의 아담한 궁궐이라 말하리라
사람들에게 물어보면
병풍이라 하고 혹은 피신처나 병원이라 하고
어떤 이는 이생의 종착지 무덤이라 하리라
나는 내가 아니다
바위는 바위가 아니다
호랑이는 호랑이가 아니다

어떤 시론

쉬를 하다 보면
시가 지나간다
홍수에 떠밀려 가는 개미들
느닷없이 벼락 만난
저 불쌍한 시들
걸어가는 품새가 시들시들하다
내 쉬가 세긴 센 모양이다

한밤중 시를 쓰다 보면
쉬가 생각난다
쉬~ 수박을 먹고 통통한 배가
시원하게 쏟아낸 저
통쾌한 배설!

우리말은 왜 이리 재밌는가?
시가 쉬다
쉬가 시다
쉬처럼 쉬우면서도 가장 시큼달큼한 시는 어디 있는가?

구름에 대하여

1

허공에 구름이 흘러갑니다
점점 세력이 커지더니
캄캄한 먹장구름이 됩니다
허공에 떠 있는 바위라고나 할까요
그것이 가슴을 짓누를 땐
자꾸 눈물이 쏟아지고
천둥번개가 치고
쩌억 가슴이 두 동강 나기도 하지요
벼랑의 바위는 무거워
자꾸만 굴러 떨어지려고 합니다
하지만 바위를 가르고 피어난
푸른 소나무를 보세요
바위 말발도리 하이얀 꽃 이빨을 보세요
그윽한 향내 아래
눈을 붙이고 누워 보세요
가끔은 우리 가슴에 느닷없는
폭풍우가 몰아칠 때도 있습니다

2

누구나 가슴에 구름을 품고 삽니다
새털구름 양떼구름 혹은 먹장구름
구름이 무거워 잠 못 드는 밤
이따금 번쩍거리는 뇌성번개
구름은 부서져 빗방울 우박이 되고
맑게 갠 여름날 오후
동쪽 하늘에 희한한 무지개가 핍니다
우리네 슬픔도 부서지고 깨어지면
향기로운 꽃으로 피어날까요
바위의 꿈이 부서져 자갈돌이 되고
비옥한 흙이 되어 아름다운 푸나무를 기르듯
천년 종각의 범종이 깨어지고 흩어져
푸른 계곡에 맑은 산메아리 잉태하듯
허공에 흰구름이 흘러갑니다
멀고 먼 여행이 끝나면 구름은 어디로 갈까요
나라가 없는 구름은 또 어디로 흘러갈까요

그 길

진달래 연달래 곱디곱게 펴 게으른 팔자걸음 꼬드기는 곳
잠시잠깐 눈을 들면 연다홍 하늘에 복사꽃 분분히 흩날리다
떨어지다 시냇물 엽새우 갈겨니 버들치 간지럽히기도 하는 길
그런 살풋한 남실바람 길이 있다
연두 초록 진초록 살래살래 꼬리 치는 버들가지 사이
꾀꼬리 곤줄박이 희롱하는 아른아른한 길이 있다

그 길 다 지나가면 보리피리 풀피리 소리
푸르게 여울지는 아스라한 능선이 아지랑아지랑 춤추는
눈시울 싸하니 붉어지는 그런 쇠리쇠리한 길이 있다
문둥이 얘기로 어린 심장이 통개통개 달음박질치던
영 안 잊히는 전설이 숨바꼭질하는 길이 있다
개복사꽃 살구꽃 애기진달래 고향 길이 그 어딘가 있다

따스운 아랫목에 엎드려 손 녹이며 하품하고 싶은
머나먼 봄처녀 길이 그 어딘가 있다
아랫집 순이랑 코딱지 같은 밥그릇에 달래냉이 씀바귀
국 밥 떡 해 놓고 한숨 늘어지게 자던
쑥잎 푸릇푸릇 돋아나던 에움길이 그 어딘가 있다

세속과 유토피아를 이어 주는 아름다운 시인

복 효 근
(시인)

한 사내가 "고개를 돌려본다. 유리창이 보이고/ 저 멀리 산능선이 보인다." 그는 새삼 그가 지천명에 이른 것을 깨닫는다. 그리고 이즈음에 이르러 스스로가 할 일이 "고개를 돌려보는 일" 임을 알게 된다. 고개를 돌려보니 거기엔 "시야를 시원하게 틔워 주는 늘 푸른 능선이 있고, 평화롭기도 하고 황량하기도 한 들판과 밝게 빛나는 태양"(「고개」)이 있다. 즉 '자연' 이 있었다.

시인 나병춘은 이전에도 많은 시편들에서 자연을 시적 대상으로 삼았다. 그러나 이번에 상재하는 시집의 자연은 단순한 시적 대상을 넘어서고 있다. 우선 소재 면에서만 보더라도 대부분의 시가 자연에서 비롯되었음을 알 수 있는데, 이는 그의 생활과 사고의 기반이 자연임을 알게 해줌과 동시에 지천명에 들어선 그의 정신적 지향처가 어디인지를 알게 해주는 지표라고 할 것이다.

무엇보다 이는 그가 '숲 해설가'로 활동하고 있는 점과 무관하지 않다. 자연의 소중함을 미처 깨닫지 못하거나 자연의 아름다운 질서와는 거리가 먼 생활 속에서 살아가는 현대인들에게 자연이 주는 소중한 가치들을 깨닫게 해주고 아름다움을 접하게 해주는 안내인이 숲 해설가 아닌가.

이를 위해서 숲 해설가에게 숲을 비롯한 자연에 대한 해박한 지식과 견문이 선행조건인 것은 물론이다. 하지만 그가 진정 자연과 하나가 되지 않고서는 숲과 자연의 정수를 오롯이 다른 사람들에게 매개하는 일은 불가능하다.

이번 시집의 시편들에서 그가 대상으로 삼는 자연물(또는 자연현상)과 그를 분리·추출해낼 수가 없다. 더 이상 자연은 대상이 아니다. 전통시가에서 보듯 음풍농월의 대상도 아니며 시적 자아의 심리적 현상이나 가치를 드러내고자 하는 객관적 상관물이거나 비유도 아니다. 그저 그가 온전히 '나무'이고 그의 삶이 '안개'이고 '산'이다.

"안개 속에서는 경계가 무너진다." "안개 속에서는 혼자이면서 모두가 혼자가 아니다." "자신의 예리한 각을 허물고 하나가 된다." "붉은부리딱새의 울음소리마저 색·즉·시·공"(「안개」) 하고 운다. 이미 주체와 객체가 하나 된 상태에서 시인 자신마저도 그의 삶과 시를 자연에서 분리해낼 수 없는 지경에 이른 것이다. 너와 나의 경계가 허물어진 일원론적이고 연기론적 인식 위에서 그의 시는 씌어지고 있다.

"나는 내가 아니다/ 바위는 바위가 아니다/ 호랑이는 호랑이가 아니다"(「산」)라는 진술에서, 그리고 "하늘에 새/ 흰 구름이 없다면/ 먼지도 소낙비도 없네/ (…중략…) 내 심장소리도/ 다 무슨 소용?" 이라는 시구에서 보듯 시인 나병춘은 우주만물을 상호 의존 관계로, 공존·공생·상생의 관계로 보고 있다. 그러니 시인을 어떻게 그것들과 분리하여 말할 수 있겠는가?

인간의 이성만을 지나치게 강조하는 서구의 합리주의가 인간을 만물의 영장으로 규정짓고 자연을 대상화한 이래 인간은 자연을 지배하고 이용하고 개발하고 착취해 왔다. 그러나 시인 나병춘이 그의 시에서 간파한 대로라면 지금까지 우리가 견지해 왔던 서구의 자연관은 자기모순일 수밖에 없다. 자연을 해치는 일은 우리 스스로를 해치는 일과 다르지 않기 때문이다. 오늘날 자연을 함부로 대한 결과가 고스란히 우리에게 돌아오고 있는 것만 보더라도 쉽게 알 수 있다.

그가 자연을 대하는 태도는 '경전'을 대할 때처럼 경건함과 진정성으로 넘쳐난다. 작은 미물 달팽이에게서 "느림의 경전"(「달팽이 경」)을 읽는다. 이는 능률과 효율을 숭배하여 속도와 경쟁을 경전으로 삼아 살아가는 현대인의 삶에 대한 반성으로 읽힌다. 그가 숲 해설가로 활동하면서 얻은 깨달음의 내용을 시로 형상화하는 작업은 바로 달팽이(자연)와 같은 삶을 지향한다는 의미이기도 하다.

이처럼 자연(또는 자연현상) 속에서 자연과 하나가 되어 얻은 깨달음을 노래한 시가 많다. "연둣빛 영혼이 눈을 뜨는"(「나무의 꿈」) 경험을 하기도 하며 "넘어지고 일어서면서/ 결코 무너지지 않는 든든한 수평선을 얻은 파도"처럼 그 스스로가 '파도'가 되어 '한결같이 변함없는 영원한 노래 한 곡조를 얻기도"(「복종」) 한다.

> 진달래 연달래 곱디곱게 펴 게으른 팔자걸음 꼬드기는 곳
> 잠시잠깐 눈을 들면 연다홍 하늘에 복사꽃 분분히 흩날리다
> 떨어지다 시냇물 엽새우 갈겨니 버들치 간지럽히기도 하는 길
> 그런 살풋한 남실바람 길이 있다
> 연두 초록 진초록 살래살래 꼬리 치는 버들가지 사이
> 꾀꼬리 곤줄박이 희롱하는 아른아른한 길이 있다
>
> 그 길 다 지나가면 보리피리 풀피리 소리
> 푸르게 여울지는 아스라한 능선이 아지랑아지랑 춤추는
> 눈시울 싸하니 붉어지는 그런 쇠리쇠리한 길이 있다
> 문둥이 애기로 어린 심장이 통개통개 달음박질치던
> 영 안 잊히는 전설이 숨바꼭질 하는 길이 있다
> 개복사꽃 살구꽃 애기진달래 고향길이 그 어딘가 있다

따스운 아랫목에 엎드려 손 녹이며 하품하고 싶은
머나먼 봄처녀 길이 그 어딘가 있다
아랫집 순이랑 코딱지 같은 밥그릇에 달래 냉이 씀바귀
국 밥 떡 해 놓고 한숨 늘어지게 자던
쑥잎 푸릇푸릇 돋아나던 에움길이 그 어딘가 있다

—「그 길」 전문

위에 인용한 시에는 그가 꿈꾸는 시의 세계가 고스란히 담겨 있다. 그가 이제껏 찾고 또한 가고자 하는 삶의 길, 그와 함께 우리가 가야 할 '그 길'을 제시해 놓았다.

온갖 생명들이 평등한 관계로 서로 의지하고 희롱하는 만유공생의 아른아른 아름다운 길, 전설이 살아 숨 쉬고 생명 모두가 공동체를 이루며 사는 꽃 피는 고향의 길, 또한 순이랑 소꿉놀이하며 한숨 늘어지게 잘 수도 있는 동심의 길이 그것이다.

이는 작품 「어린왕자의 기억들」 연작에서도 잘 그려지고 있다. 현대인의 잃어버린 동심의 세계, 자연과 일체가 된 전일적인 세계 회복에 대한 열망을 표현한 것이다. 시인은 "길을 가다가 상체를 한껏 구부려 가랭이 사이로 하늘을 한참 들여다보라"고 한다. 그러면 거기엔 "구름 꽃나무 날아다니는 새들, 벌레들, 돌멩이들, 발자국들, 구불텅한 길들도 보일 것"이라고 한다. 그리고 "삐툴빼툴 서럽게 서툴게 걸어온 발자국도 당당하기도 하고 흔들거리기도 하면서 아름다이 흔적 없는 풍경화가 되어 뒤를 든든히 떠받치고 있을 것"(「어린왕자의 기억들 · 2」)이라고 한다. 정형화되거나 규격화되지 않은 자유롭고 자연스러운 세계, 우리가 잃어버린, 따라서 회복해야 할 풍경이 아니겠는가?

나병춘 시인은 이렇듯 현대 문명이 지향하는 정반대 방향에 그의 유토피아를 그려 놓았다. 문면에 드러나지 않았지만 효율과 경쟁과 속도 지향의 현대 문명사회에 대한 우회적인 비판과 반성이 바탕에 깔려 있음을 우리는 안다.

그렇다고 그가 세속적인 삶을 경멸하거나 도외시하는 것은 아니다. "나는 정치적 경제적 삶을 혐오한다"고 하면서도 "또한 정치적 경제적 삶을 알게 모르게 사랑한다"라고 고백한다. 그러면서 "내 삶의 숙제는 적과 화해하는 법/ 적과 대화하는 법을 깨닫는 것이다"(「적」)고 말한다. 그가 현대문명의 대안적 질서를 자연에서 찾되 현대인의 삶을 능멸하거나 멸시하지 않는 이유가 여기 있다.

온갖 현대의 질환이 응집해 있는 세속 공간에 살면서 그는 또한 숲 해설가로서 그 누구보다 자연에 밀착된 삶을 살고 있다. 언뜻 모순된 것 같지만 그러하기에 그의 시가 문명과 자연을 '화해' 시키는 '숙제' 를 이루어낼 수 있는 것이다.

시인 나병춘이 꿈꾸는 이 아름다운 화해가 현대인들에게 잃어버린 동심을 되찾고 포근한 고향의 품을 돌려주며 자연과 하나가 되는 유토피아를 그려 주는 데 큰 몫을 하리라 의심치 않는다. 이 시집을 끝까지 읽은 사람이라면 우리가 안겨 살아갈, 그리고 안고 죽어갈 아름다운 풍경 하나를 갖게 될 것이다. 다음에 인용하는 시와 같은……

> 산길을 가는데 턱, 허니
> 멧비둘기 한 마리 시냇가에 내려앉는데
> 나도 때는 이때다 싶어 비둘기 날개 속으로
> 사뿐 들어가 보는 것인데 비둘기는 달아날 생각도 없이 서성거리며
> 돌멩이도 쪼아 보고 라면 부스러기도 쪼아 보는 것인데
> 아차, 호주머니에 좁쌀이라도 챙기는 거였는데
> 비둘기가 날기 시작하자 나도 덩달아 날기 시작하는 거였는데
> 동동동 날다가 구름 하나 있어 턱, 허니 그곳으로 달려가 숨었는데
> 그 모양을 본 비둘기가 안심이 안 되었는지
> 나를 찾으러 구름 속으로 자맥질치는 거였는데
> 구름 속에서 한나절을 헤매던 나는
> 구름이 산꼭대기로 날아가자
> 사뿐 너럭바위 위로 건너뛰어 벌러덩 드러누웠더랬는데
> 비둘기는 찾다 찾다 못 찾고 구구국 구구국거리며
> 어제도 오늘도 울고 다니는 중인데
> 비둘기 눈이 빨갛게 충혈된 까닭이 나 때문이었는지
> 구름 때문이었는지 아니면 구구국거리는 울음소리 때문인지는

도통 알 수가 없는 노릇이었는데
산길에서 언젠가 마주친 적 있는 멧비둘기 하나가 시방
창문 오른쪽에서 왼쪽으로 날아가다 소란소란거리는
은사시나무 잎새 사이로 쏜살같이 숨어버리는 거였는데
그 후론 아무 소식이 없어 나도 심심하던 차였는데

—「어린왕자의 기억들 · 3」 전문